Th. Fontane

Theodor Fontane

GUTER RAT

Poetische Kostbarkeiten

EDITION RIEGER

An Mathilde von Rohr

Am Rand
Zwischen Sumpf und Sand
Stehen Binsen und *Rohre*,
Und weil überall denn im märkischen Land
Die *Rohre* stehen bei *Sumpf und Sand*,
So steh auch du
Und neige dich zu
Diesen Liedern mit freundlichem Ohre.

Guter Rat

An einem Sommermorgen
   Da nimm den Wanderstab,
Es fallen deine Sorgen
   Wie Nebel von dir ab.

Des Himmels heitere Bläue
   Lacht dir ins Herz hinein,
Und schließt, wie Gottes Treue,
   Mit seinem Dach dich ein.

Rings Blüten nur und Triebe
   Und Halme von Segen schwer,
Dir ist, als zöge die Liebe
   Des Weges nebenher.

So heimisch alles klinget
   Als wie im Vaterhaus,
Und über die Lerchen schwinget
   Die Seele sich hinaus.

Am Ruppiner See

Mit dem Brautschleier

Zu dem Kranze bring den Schleier
Ich dir dar;
Morgen, zu des Tages Feier,
Schmück er dir das Haar.

Aber auch in Zukunftstagen,
In des Lebens Streit,
Unter Sorgen, Bangen, Zagen,
Halte ihn bereit.

Will des Unmuts trübe Weise
Stören deine Ruh,
Decke mit dem Schleier leise
Alles zu.

Will der Sorgen düstres Träumen
Ängsten deinen Sinn,
Wirf den Schleier ohne Säumen
Drüber hin.

Und so wirst du guten Tagen
Stets entgegen gehn, –
Lernst des Lebens Ernst ertragen
Und dein Glück verstehn.

An Elise Fontane

Vertage die Sorgen
Bis auf morgen,
Eh du's gedacht,
Kommt Hülfe über Nacht.

Kluge Leute
Freun sich des Heute; –
Liebe wieder, was dich geliebt,
Und genieße dankbar, was Gott dir gibt.

An Emilie

Und ging auch alles um und um,
In dir, in mir, ich lieb dich *drum*,
Ich lieb dich *drum*, weil du mir bliebst,
Ich lieb dich *drum*, weil du vergibst,
Ich lieb dich, – ach warum, »warum«,
Und blieb auch meine Lippe stumm,
Ich lieb dich *drum*, weil du mich liebst.

An Emilie

Zum 24. Dezember 1891

Noch einmal ein Weihnachtsfest,
Immer kleiner wird der Rest,
Aber nehm ich so die Summe,
Alles Grade, alles Krumme,
Alles Falsche, alles Rechte,
Alles Gute, alles Schlechte –
Rechnet sich aus all dem Braus
Doch ein richtig Leben raus,
Und dies können ist das Beste
Wohl bei diesem Weihnachtsfeste.

In Emilies Stammbuch

Ich habe oft, wenn mich geblendet
Der Sonne zauberhafte Pracht,
Und ich mich von ihr abgewendet,
In meinem Herzen dein gedacht.

Wie ohne Sonne mir die Erde
Nur schien ein grabesdunkler Schacht,
Gleicht – wenn ich von dir scheiden werde,
Mein ganzes Leben einer Nacht.

An Emilie

Sei heiter!
es ist gescheiter
Als alles Gegrübel;
Gott hilft weiter, –
Zur Himmelsleiter
Werden die Übel.
Weihnachten 1861

Schönberg

Sprüche

Nicht Glückes bar sind deine Lenze,
Du forderst nur des Glücks zu viel;
Gib deinem Wunsche Maß und Grenze,
Und dir entgegen kommt das Ziel.

Wie dumpfes Unkraut laß vermodern,
Was in dir noch des Glaubens ist:
Du hättest doppelt einzufordern
Des Lebens Glück, weil *du* es bist.

Das Glück, kein Reiter wird's erjagen,
Es ist nicht dort, es ist nicht hier;
Lern überwinden, lern entsagen,
Und ungeahnt erblüht es dir.

Man hat es oder hat es nicht

Nur als Furioso nichts erstreben
Und fechten, bis der Säbel bricht;
Es muß sich dir von *selber* geben –
Man hat es oder hat es nicht.

Der Weg zu jedem höchsten Glücke,
Wär' das Gedräng auch noch so dicht,
Ist keine Beresina-Brücke –
Man hat es oder hat es nicht.

Glaub nicht, du könnts't es *doch* erklimmen
Und Woll'n sei höchste Kraft und Pflicht;
Was *ist,* ist durch Vorherbestimmen, –
Man hat es oder hat es nicht.

Mein Herz

Der stolzen Sonne, heiß und glühend,
Dem stillen Monde, trüb und bleich,
– Sehnsüchtig tausend Sterne sprühend –
Mein Herz, mein Herz ist beiden gleich.

Dem Himmel, klar und rein und blauend,
Der Wolke, – jetzt gewitterreich
Und jetzt in Tränen niedertauend, –
Mein Herz, mein Herz ist beiden gleich.

Der Nachtigall voll frischer Lieder,
Der Rose – blüten-dornenreich,
Dem Frühling und dem Winter wieder,
Mein Herz, es ist dem allen gleich.

Nur einem gleicht es nicht auf Erden:
Nie will in seinem kleinen Reich
Der langersehnte Frieden werden,
Drum ist es nie sich selber gleich.

Verzeiht

Verzeiht den Anekdotenkram
Und daß niemals ich einen »Anlauf« nahm,
Auch niemals mit den Göttern grollte,
Nicht mal den Staat verbessern wollte,
Nicht mal mit »sexuellen Problemen«
Gelegenheit nahm, mich zu benehmen.

Der faßt es so, *der* anders an,
Man muß nur wollen, was man kann,
Mir würde der Weitsprung nicht gelingen,
So blieb ich denn bei den näheren Dingen,
Drei Schritt bloß, – ich weiß, es ist nicht viel,
Aber Freude gibt jedes erreichte Ziel.

An der Dosse

GLÜCK, von deinen tausend Losen,
Eines nur erwähl ich mir,
Was soll Gold? Ich liebe Rosen
Und der Blumen schlichte Zier.

Und ich höre Waldesrauschen
Und ich seh ein flatternd Band -
Aug in Auge Blicke tauschen,
Und ein Kuß auf deine Hand.

Geben nehmen, nehmen geben,
Und Dein Haar umspielt der Wind,
Ach, nur das, nur das ist Leben,
Wo sich Herz zu Herzen findt.

ICH bin die halbe Welt durchzogen
Und suchte Glück und sucht es weit,
Es hat mein Suchen mich betrogen,
Und was ich fand, war Einsamkeit.

Ich hörte, wie das Leben lärmte,
Ich sah sein tausendfarbig Licht,
Es war kein Licht doch, was mich wärmte,
Und echtes Leben war es nicht.

Und endlich bin ich heimgegangen
Zu alter Stell und alter Lieb,
Da löste still sich das Verlangen,
Das einst mich in die Fremde trieb.

Die Welt, die fremde, lohnt mit Kränkung,
Was sich in Lieb ihr zugesellt;
Das Haus, die Heimat, die Beschränkung,
Das sind das Glück und sind die Welt.

Zum 14. November 1880
(Mit neuen Pfropfen)

Es hilft uns kein Gedeutel,
So nimm es, wie es fällt,
Der eine hat den Beutel,
Der andre hat das Geld.

Es lässt sich nichts erklopfen,
Der eine hat den Wein,
Der andre hat die Propfen,
Man muß zufrieden sein.

Es kann die Ehre dieser Welt

Es kann die Ehre dieser Welt
Dir keine Ehre geben,
Was Dich in Wahrheit hebt und hält,
Muß in dir selber leben.

Wenn's deinem Innersten gebricht
An echtem Stolzes Stütze,
Ob dann die Welt dir Beifall spricht,
Ist all dir wenig nütze.

Das flücht'ge Lob, des Tages Ruhm
Magst du dem Eitlen gönnen;
Das aber sei dein Heiligtum:
Vor *dir* bestehen können.

Frühling

Nun ist er endlich kommen doch
In grünem Knospenschuh;
»Er kam, er kam ja immer noch« –
Die Bäume nicken sich's zu.

Sie konnten ihn all erwarten kaum,
Nun treiben sie Schuß auf Schuß;
Im Garten der alte Apfelbaum
Er sträubt sich, aber er muß.

Wohl zögert auch das alte Herz
Und atmet noch nicht frei,
Es bangt und sorgt: »Es ist erst März,
Und März ist noch nicht Mai.«

O schüttle ab den schweren Traum,
Und die lange Winterruh,
Es wagt es der alte Apfelbaum,
Herze, wags auch *du*.

Glück

Sonntagsruhe, Dorfesstille,
Kind und Knecht und Magd sind aus,
Unterm Herde nur die Grille
Musizieret durch das Haus.

Tür und Fenster blieben offen,
Denn es schweigen Luft und Wind,
In uns schweigen Wunsch und Hoffen,
Weil wir ganz im Glücke sind.

Felder rings – ein Gottessegen
Hügel auf- und niederwärts,
Und auf stillen Gnadenwegen
Stieg auch *uns* er in das Herz.

Bei Rheinsberg

Herr von Ribbeck auf Ribbeck im Havelland

Herr von Ribbeck auf Ribbeck im Havelland
Ein Birnbaum in seinem Garten stand,
Und kam die goldene Herbsteszeit
Und die Birnen leuchteten weit und breit,
Da stopfte, wenn's Mittag vom Turme scholl,
Der von Ribbeck sich beide Taschen voll,
Und kam in Pantinen eine Junge daher,
So rief er: »Junge, wiste 'ne Beer?«
Und kam ein Mädel, so rief er: »Lütt Dirn,
Kumm man röwer, ick hebb 'ne Birn.«

So ging es viel Jahre, bis lobesam
Der von Ribbeck auf Ribbeck zu sterben kam.
Er fühlte sein Ende. 's war Herbsteszeit,
Wieder lachten die Birnen weit und breit,
Da sagte von Ribbeck: »Ich scheide nun ab.
Legt mir eine Birne mit ins Grab.«
Und drei Tage drauf, aus dem Doppeldachhaus,
Trugen von Ribbeck sie hinaus,
Alle Bauern und Büdner, mit Feiergesicht,
Sangen »Jesus meine Zuversicht«,
Und die Kinder klagten, das Herze schwer,
»He is dod nu. Wer giwt uns nu 'ne Beer?«

So klagten die Kinder. Das war nicht recht,
Ach, sie kannten den alten Ribbeck schlecht,
Der *neue* freilich, der knausert und spart,
Hält Park und Birnbaum streng verwahrt,
Aber der *alte*, vorahnend schon
Und voll Mißtraun gegen den eigenen Sohn,
Der wußte genau, was damals er tat,
Als um eine Birne ins Grab er bat,
Und im dritten Jahr, aus dem stillen Haus,
Ein Birnbaumsprößling sproßt heraus.

Und die Jahre gehen wohl auf und ab,
Längst wölbt sich ein Birnbaum über dem Grab,
Und in der goldenen Herbsteszeit
Leuchtet's wieder weit und breit.
Und kommt ein Jung übern Kirchhof her,
So flüstert's im Baume: »Wiste 'ne Beer?«
Und kommt ein Mädel, so flüstert's: »Lütt Dirn,
Kumm man röwer, ick gew di 'ne Birn.«

So spendet Segen noch immer die Hand
Des von Ribbeck auf Ribbeck im Havelland.

Furcht und Hoffnung

Oft mahnt mich, wenn ich weit und breit
Die Wälder blühn und grünen seh,
Der Birken schneeigweißes Kleid
Gar schmerzlich an des Winters Weh. –

Doch wenn im Winter rauh und kalt
Die Stürme durch die Lande wehn,
Verheißt der grüne Tannenwald
Mir stets des Frühlings Wiedersehn.

So tritt inmitten Freud und Lust
Die bleiche Todesfurcht hinein,
So wird in Freud erstorbner Brust
Die Hoffnung nie begraben sein.

In Tornow

Am Apfelbaum

Als noch im stillen Tale
Der Frühling weilte kaum,
Stand ich zum letzten Male
An diesem Apfelbaum.

Es flochten Blütenflocken
– Erschöpft vom Wirbeltanz –
In ihren dunklen Locken
Geschäftig sich zum Kranz.

Der Winter ist gekommen,
Und nahm nach altem Brauch,
Und was er mir genommen,
Erweckt kein Frühlingshauch.

Auch heut ich's von den Zweigen
Wie Blüten fallen seh;
Doch tanzt den stillen Reigen
In Flocken nur der Schnee.

Ich seh vom Haupt ihn tropfen
Gleich Tränen niederwärts,
Und lauter hör ich klopfen
Mein tiefbewegtes Herz.

Frühling

Im Kunstertal

Überlaß es der Zeit

Erscheint dir etwas unerhört,
Bist du tiefsten Herzens empört,
Bäume nicht auf, versuch's nicht mit Streit,
Berühr es nicht, überlaß es der Zeit.
Am ersten Tag wirst du feige dich schelten,
Am zweiten läßt du dein Schweigen schon gelten,
Am dritten hast du's überwunden,
Alles ist wichtig nur auf Stunden,
Ärger ist Zehrer und Lebensvergifter,
Zeit ist Balsam und Friedensstifter.

Karwe

Beutst du dem Geiste seine Nahrung

Beutst du dem Geiste seine Nahrung,
So laß nicht darben dein Gemüt,
Des Lebens höchste Offenbarung
Doch immer aus dem Herzen blüht.

Ein Gruß aus frischer Knabenkehle,
Ja mehr noch, eines Kindes Lall'n
Kann leuchtender in deine Seele
Wie Weisheit aller Weisen fall'n.

Erst unter Kuß und Spiel und Scherzen
Erkennst du ganz, was Leben heißt;
O lerne denken mit dem Herzen,
Und lerne fühlen mit dem Geist.

Gewonnen

Ich schaute einst im Traume
Zwei Äuglein klar und schön,
Die waren wie die Sterne
So lieblich anzusehn.

Ich küßte auch zwei Lippen,
In Morgenrot getaucht,
Die waren wie die Rosen
Von Anmut überhaucht.

Ich hörte eine Stimme,
Von silberhellem Klang,
Die zitternd mir zum Ohre
Und wohl noch tiefer drang.

Was schon in luft'gen Träumen
Mein trunknes Herz erschaut,
Sie, die im Traum ich liebte –
Ward heute meine Braut! –

Die Augen wie die Sterne,
Die seien nun begrüßt.
Die Lippen wie die Rosen,
Die seien nun geküßt;

Und Worte wie die Lieder
Erlausche Herz und Sinn,
In Worten kling es wieder,
Wie glücklich heut ich bin.

Frühlingslied

Der Frühling kann, der Weltbefreier,
Die Erde lebt und grünt und blüht,
Am Himmel keine Wolkenschleier,
Und ohne Wolken das Gemüt.

Die Vögel und die Menschen singen,
Und wie die Lerche himmelwärts,
Will sich empor zur Gottheit schwingen
Im Dankgebet das Menschenherz.

O Herz! es brach die Frühlingssonne
Des Winters Ketten wohl entzwei,
Wohl ziemt der Erde Dank und Wonne; –
Doch bist auch du von Ketten frei? –

Nah und Fern

Wenn die Wolken vielgestaltig
Sich am Horizonte dehnen,
Überkommt uns allgewaltig
Ihnen nach ein tiefes Sehnen.

Aber wenn die stolzen Züge
Sich zur Erde niederlassen,
War ihr Zauber – eitle Lüge,
Sind es graue Nebelmassen.

Wenig läßt die Nähe gelten,
Tausend Reize hat die Ferne:
Selbst die lichtesärmsten Welten
Wandelt sie – in helle Sterne.

Mittag

Am Waldessaume träumt die Föhre,
Am Himmel weiße Wölkchen nur;
Es ist so still, daß ich sie höre,
Die tiefe Stille der Natur.

Rings Sonnenschein auf Wies' und Wegen,
Die Wipfel stumm, kein Lüftchen wach.
Und doch, es klingt, als ström ein Regen
Leis tönend auf das Blätterdach.

Im Mai

Die Frühlingslüfte blauen,
Der Winter ist vorbei,
Es lachen Wald und Auen; –
Es ist ja wieder Mai.

Es rieseln alle Quellen
So frisch, so froh und frei,
Es tanzen alle Wellen;
Es ist ja wieder Mai.

Und alle Vögel singen
Die schönste Melodei,
Und alle Lüfte klingen; –
Es ist ja wieder Mai.

Doch sieh, die Schwalbe kreiset,
Geängstigt um den Turm,
Und ach, prophetisch weiset
Und deutet auf den Sturm.

Kaum hört sie das Geschmetter,
Die lust'gen Melodein; –
Sie ahnet Sturm und Wetter,
– Wie ich – bei Sonnenschein.

Im Garten

Die hohen Himbeerwände
Trennten dich und mich,
Doch im Laubwerk unsre Hände
Fanden von selber sich.

Die Hecke konnt es nicht wehren,
Wie hoch sie immer stund:
Ich reichte dir die Beeren,
Und du reichtest mir den Mund.

Ach, schrittest du durch den Garten
Noch einmal im raschen Gang,
Wie gerne wollt ich warten,
Warten stundenlang.

Sommergarten

Klostergarten Lindow

Brunnen auf dem Markt in Rheinsberg

Die schönste Melodie

Wehmutsvolle Lieder klingen
Durch die sternenhelle Nacht,
Schmerzen, die mein Herz umschlingen,
Halten einsam bei mir Wacht.

Und der Töne leise Schwingen
Tragen ein geliebtes Bild;
Ach, wie sie zum Herzen dringen,
Wie ergreift's mich seligmild!

Ja, die Hände muß ich falten
Bei der schönen Melodei;
Von den finstern Schreckgestalten
Bin ich betend endlich frei. –

Sind die Lieder auch verklungen,
Sind die Töne auch verhallt, –
Tief, ach tief ins Herz gedrungen
Ist die liebliche Gestalt.

In dem unermeßnen Reiche
Wirkt sie ew'ge Harmonie,
Und die teure Liebesreiche
Singt die schönste Melodie.

Wustrauer Rhin

Meine Gräber

Kein Erbbegräbnis mich stolz erfreut,
Meine Gräber liegen weit zerstreut,
Weit zerstreut über Stadt und Land,
Aber all in märkischem Sand.

Verfallene Hügel, die Schwalben ziehn,
Vorüber schlängelt sich der Rhin,

Über weiße Steine, zerbröckelt all,
Blickt der alte Ruppiner Wall,
Die Buchen stehn, die Eichen rauschen,
Die Gräberbüsche Zwiesprach tauschen,
Und Haferfelder weit auf und ab –
Da ist meiner Mutter Grab.

Und ein andrer Platz, dem verbunden ich bin:
Berglehnen, die Oder fließt dran hin,
Zieht vorüber in trägem Lauf,
Gelbe Mummeln schwimmen darauf;
Am Ufer Werft und Schilf und Rohr,
Und am Abhange schimmern Kreuze hervor,
Auf eines fällt heller Sonnenschein –
Da hat mein Vater seinen Stein.

Der dritte, seines Todes froh,
Liegt auf dem weiten Teltow-Plateau,
Dächer von Ziegel, Dächer von Schiefer,
Dann und wann eine Krüppelkiefer,
Ein stiller Graben die Wasserscheide,
Birken hier, und da eine Weide,
Zuletzt eine Pappel am Horizont,
Im Abendstrahle sie sich sonnt.
Auf den Gräbern Blumen und Aschenkrüge,
Vorüber in Ferne rasseln die Züge,
Still bleibt das Grab und der Schläfer drin –
Der Wind, der Wind geht drüber hin.

Herbstlied

Rote Beeren am Rosenhage,
Rote Blätter an Baum und Gesträuch, –
Ihr schönen Herbstestage,
Ihr klaren, wie grüß ich euch!

Es fallen die letzten Schleier
Vor eurer Sonne Schein,
Und wir blicken tiefer und freier
In Gottes Welt hinein.

Ihr klaren, ihr mahnt mich immer
An das Auge treuer Fraun:
Verloren ging der Schimmer,
Doch die Seele kann ich schaun.

In der Ruppiner Schweiz

Spätherbst

Schon mischt sich Rot in der Blätter Grün,
Reseden und Astern sind im Verblühn,
Die Trauben geschnitten, der Hafer gemäht,
Der Herbst ist da, das Jahr wird spät.

Und doch (ob Herbst auch) die Sonne glüht, –
Weg drum mit der Schwermut aus deinem Gemüt!
Banne die Sorge, genieße, was frommt,
Eh' Stille, Schnee und Winter kommt.

Herbstfarben

O du [illegible] Gestalt
[illegible] [illegible] [illegible] [illegible] [illegible]
[illegible] [illegible] [illegible],
[illegible] [illegible] [illegible] [illegible] [illegible] [illegible]
[illegible] [illegible],
[illegible] [illegible] [illegible] [illegible]
[illegible] voll.

[illegible] [illegible] [illegible] [illegible], [illegible]
[illegible] [illegible]
[illegible] [illegible] [illegible] [illegible], [illegible] [illegible]
[illegible],
[illegible] [illegible] [illegible] Schritte, [illegible] [illegible]
[illegible] Herz
[illegible] [illegible] [illegible]

[illegible] [illegible] [illegible] [illegible]
[illegible] [illegible] [illegible] [illegible] [illegible]
[illegible]
[illegible] [illegible] [illegible] [illegible] [illegible]
[illegible] Schritte
[illegible] [illegible] [illegible] [illegible]
[illegible] [illegible]

[illegible] [illegible] [illegible] [illegible] [illegible]
[illegible] [illegible] [illegible] [illegible]
[illegible] [illegible] [illegible] [illegible] [illegible] [illegible] [illegible]
[illegible] [illegible] [illegible] [illegible] [illegible]. [illegible] [illegible] [illegible]

Herbst

O du wunderschöner Herbst,
Wie du die Blätter golden färbst.
Die Luft ist klar und rein und still,
Noch einmal ich mich freuen will.

Ich geh' den Wald, den Weiher entlang,
Es schweigt das Leben, es schweigt Gesang;
Ich hemme den Schritt, ich hemme den Lauf,
Erinnerungen ziehen herauf,

Erinnerungen sehen mich an,
Haben es wohl auch sonst getan.
Nur eins hält nicht mehr damit Schritt:
Lachende Zukunft geht nicht mehr mit.

Vergangenheit hält mich in ihrem Bann,
Vergangenheit hat mir's angetan.
Den Blick in den Herbst, den hab' ich frei,
Den Blick in den Herbst. Aber der Mai?

O FRÜHLING komme, komme bald,
Die Seel ist müd und matt,
Und bringst du keinen grünen Wald,
O Bring ein grünes Blatt.

Die Erd ist kahl und winterleer,
Ihr Puls ist müd und matt,
Am Baume schaukelt hin und her
Ein allerletztes Blatt.

Ich seh es schon den dritten Tag,
Es schwankt und … und bebt,
Wie lange noch, ein Stoß, ein Schlag,
Und es hat ausgelebt.

Es fällt, die Winde wie im Spiel,
Sie heben's wieder empor,
Es ist nur Schein, es ist nur Spiel.
Und fallen muß es doch.

Allee zum Denkmal bei Hakenberg zur Erinnerung an die Schlacht von Fehrbellin 1675

Trost

Tröste dich, die Stunden eilen,
Und was all dich drücken mag,
Auch das Schlimmste kann nicht weilen,
Und es kommt ein andrer Tag.

In dem ew'gen Kommen, Schwinden,
Wie der Schmerz liegt auch das Glück,
Und auch heitre Bilder finden
Ihren Weg zu dir zurück.

Harre, hoffe. Nicht vergebens
Zählest du der Stunden Schlag,
Wechsel ist das Los des Lebens,
Und – es kommt ein andrer Tag.

Am Kavlierhaus des Schlosses Rheinsberg

»O trübe diese Tage nicht«

O trübe diese Tage nicht,
Sie sind der letzte Sonnenschein,
Wie lange, und es lischt das Licht
Und unser Winter bricht herein.

Dies ist die Zeit, wo jeder Tag
Viel Tage gilt in seinem Wert,
Weil man's nicht mehr erhoffen mag,
Das *so* die Stunde wiederkehrt.

Die Flut des Lebens ist dahin,
Es ebbt in seinem Stolz und Reiz,
Und sieh, es schleicht in unsern Sinn
Ein banger, nie gekannter Geiz;

Ein süßer Geiz, der Stunden zählt
Und jede prüft auf ihren Glanz,
O sorge, daß uns keine fehlt,
Und gönn uns jede Stunde *ganz*.

Am Bötereckensee im Rheinsberger Schloßpark

Leben

Leben; wohl dem, dem es spendet
Freude, Kinder, täglich Brot,
Doch das Beste, was es sendet,
Ist das Wissen, daß es endet,
Ist der Ausgang, ist der Tod.

Ausgang

Immer enger, leise, leise
Ziehen sich die Lebenskreise,
Schwindet hin, was prahlt und prunkt,
Schwindet Hoffen, Hassen, Lieben,
Und ist nichts in Sicht geblieben
Als der letzte dunkle Punkt.

Im Herbstnebel

Erster Schnee

Und weiter ging's; des Winters Näh
Verriet ein Flockenpaar;
Es gleicht das erste Flöckchen Schnee
Dem ersten weißen Haar.

Noch wird – wie wohl von lieber Hand
Der erste Schnee dem Haupt, –
So auch der erste Schnee dem Land
Vom Sonnenstrahl geraubt.

Doch habet acht, mit einem Mal
Ist Haupt und Erde weiß,
Und Freundeshand und Sonnenstrahl
Sich nicht zu helfen weiß.

Umsonst

Immer rascher fliegt der Funke,
Jede Dschunke und Spelunke
Wird auf Wissenschaft bereist,
Jede Sonne wird gewogen,
Und in Rechnung selbst gezogen,
Was noch sonnenjenseits kreist.

Immer höhre Wissenstempel,
Immer richt'ger die Exempel,
Wie Natur es draußen treibt,
Immer klüger und gescheiter,
Und wir kommen doch nicht weiter,
Und das Lebensrätsel bleibt.

Neuruppin

Das Fontane-Haus in Neuruppin und …

seine Hof- und Gartenseite

Auswahl und Fotos: Günter Rieger

Auf dem Innentitel: Das Fontane-Denkmal in Neuruppin.
Foto Seite 56: Weg zum Grab von Henri Fontane, dem Vater des Dichters, in Neutornow bei Bad Freienwalde.
Das Autograph auf Seite 62 befindet sich in Neuruppiner Privatbesitz.

Quelle: Theodor Fontane, Gedichte, Band I – III, Aufbau-Verlag Berlin, 1989

5., veränderte Auflage, 2002

BERLIN UND KARWE / BEI NEURUPPIN
Lange Straße 63
16818 Karwe
Telefon (03 39 25) 7 10 63
Fax (03 39 25) 9 06 22

Satz und Lithos: Theuberger Verlag GmbH, Berlin
Druck: Druckerei Steinmeier, Nördlingen

ISBN 3-935231-18-0